浜内千波の
朝15分!
満足お弁当レシピ

浜内千波

二見書房

もくじ 浜内千波の 朝15分！満足お弁当レシピ

- 5 　浜内流なら、人気おかずのお弁当を、わずか15分で作れます！
- 6 　15分で人気のお弁当ができる！
- 7 　短時間で作るための4つのお約束
- 8 　お弁当のおいしさをキープし、彩りよく詰めるコツ

人気メニューが5〜10分！
メインのおかず–肉

- 10 　基本の鶏のから揚げ
- 11 　手羽のから揚げ／ハーブ風味のから揚げ
- 12 　基本の鶏の照り焼き
- 13 　鶏のマスタード照り焼き／鶏のみそ照り焼き
- 14 　基本のハンバーグ
- 15 　野菜たっぷりハンバーグ／とろけるチーズのハンバーグ
- 16 　じゃがいものせハンバーグ／切り干し大根ハンバーグ
- 17 　豆腐のヘルシー・ハンバーグ／トリプル肉のハンバーグ
- 18 　基本の豚のしょうが焼き
- 19 　野菜たっぷりしょうが焼き／コチュジャン風味のしょうが焼き
- 20 　基本のミートボール
- 21 　こんがり焼くミートボール／ふっくら蒸すミートボール
- 22 　基本のとんかつ
- 23 　チーズ風味のイタリアンとんかつ／オーブントースターで簡単とんかつ
- 24 　卵とじとんかつ／クルクルのりとんかつ

ヘルシー＆スピーディー！
メインのおかず–魚介

- 26 　基本の鮭の塩焼き
- 27 　鮭のみそ焼き／鮭のしいたけはさみ焼き
- 28 　基本のほたてのバター焼き
- 29 　ほたてのバターしょうゆ焼き／ほたてのマヨネーズ焼き
- 30 　基本のたらのムニエル
- 31 　たらのしょうが焼き／たらのピカタ
- 32 　たらのハーブ・フライ

野菜嫌いさんでもおいしく
サブのおかず–野菜

- 34 　基本のきんぴらごぼう
- 35 　牛肉とごぼうのきんぴら／じゃがいもとにんじんのきんぴら
- 36 　セロリとベーコンのきんぴら／しめじのきんぴら
- 37 　基本のしらたきの炒りつけ
- 37 　明太子と山菜の炒りつけ
- 38 　基本のポテトサラダ
- 39 　ジャーマンポテト風サラダ／ヨーグルト入りポテトサラダ

40	かぼちゃ：かぼちゃの煮物シナモン風味／かぼちゃソーセージのコロッケ風
41	にんじん：和えるだけのにんじんサラダ／にんじんのすりおろし煮
42	パプリカ：パプリカと玉ねぎのソテー／パプリカのしょうが風味
43	ピーマン：ピーマンの塩パリパリ焼き／ピーマンのカレーゆで
44	カリフラワー：カリフラワーのドレッシング和え／カリフラワーの素揚げ
45	ブロッコリー：ブロッコリーのおかかみそ和え／ブロッコリーのしょうが炒め
46	さつまいも：さつまいものこんがり粒マスタード炒め／さつまいものひき肉ケチャップ炒め
47	じゃがいも：じゃがいものしょうゆバター煮／じゃがいもと豚肉の炒め物
48	れんこん：れんこんの詰め焼き／乱切りれんこんの炒め煮
49	長いも：長いもの天ぷら／長いものこんがり焼き
50	きのこたち：きのこのフレンチドレッシング炒め／エリンギのマヨ焼き

味のバリエーションが決め手
サブのおかず－卵

52	**基本のふんわり卵焼き**
54	みそ風味の卵焼き／トマト入り卵焼き
55	ブロッコリー入り巻かない卵焼き
56	すりおろしじゃがいも入り卵焼き／オーブントースターで作るカップ卵
57	お好み焼き風卵焼き／簡単ポロポロ炒り卵
58	ノンオイルのヘルシー卵焼き
59	ツナと玉ねぎのミニオムレツ／とろとろ卵のオムライス
60	加熱5分でできる蒸し卵／漬けおき簡単しょうゆ卵

混ぜるだけで、カンタン豪華！
味つきご飯

62	にんじんとチーズのちらし寿司／ソーセージとピクルスの混ぜご飯
63	豚肉のコチュジャン風味ご飯／ハムの粒マスタード風味ご飯
64	梅じゃこ小松菜の混ぜご飯／桜えびと昆布の混ぜご飯
65	鮭とわかめの混ぜご飯／あじの干物とたくあんの混ぜご飯
66	ねぎみそのしょうが風味ご飯／きのこのしょうが風味ご飯

さあ、詰めてみよう！
すきまのおかずとテーマ別お弁当

68	すきまのおかず
70	15分で仕上がる！スピーディー弁当①
71	15分で仕上がる！スピーディー弁当②
72	500kcal台におさめる低カロリーのお弁当①
73	500kcal台におさめる低カロリーのお弁当②
74	体力をつけたいときのスタミナ弁当
75	お財布ピンチの月末にエコノミー弁当

本書の表記について

● 計量の単位は、
　小さじ1＝5ml、
　大さじ1＝15ml
　カップ1＝200ml
● 時計のマークは、調理時間を表しています。調理時間には材料を切る時間も含まれます。

浜内流なら、人気おかずのお弁当を、
わずか15分で作れます！

決して手抜きのメニューではありません。

基本は「おかず3品（メイン1＋サブ2）＋すきまおかず＋味つきご飯」。

材料や調理道具の選び方、調理の仕方などをちょっと工夫するだけで、

今まで作っていた半分の時間で、

おいしくて、栄養バランスのよい、満足できるお弁当が完成します。

そして、おかずは、みんなが大好きな人気のメニュー。

凝ったおかず、目新しいおかずもいいですが、

毎日のことになると、なかなか面倒で続かないですし、

開けた瞬間だれもがニッコリうれしくなってしまうのは、

やっぱり、から揚げ、卵焼き、ポテトサラダなど、

定番おかずのお弁当だと思うのです。

冷蔵庫にいつもある食材でできるのも魅力ですね。

この本では、これらの人気おかずが数分でできる「基本レシピ」と、

飽きないように味のバリエーションをつけた

「バリエレシピ」を中心にご紹介します。

お弁当のおかずを、すべて用意するのが大変なら、

前の日の残りものや、作りおきと組み合わせてももちろんOK。

お弁当作りがさらにスピードアップしますよ。

これなら、はじめてさんでも無理なく続けることができますし、

家族の分までまとめて作ることも、ラクラクできますね。

浜内千波

15分で人気のお弁当ができる！

メインのおかず1品、サブのおかず2品、味つきご飯1品が、わずか15分で完成します。

15分以内におさめるために、同時調理もしてみましょう。

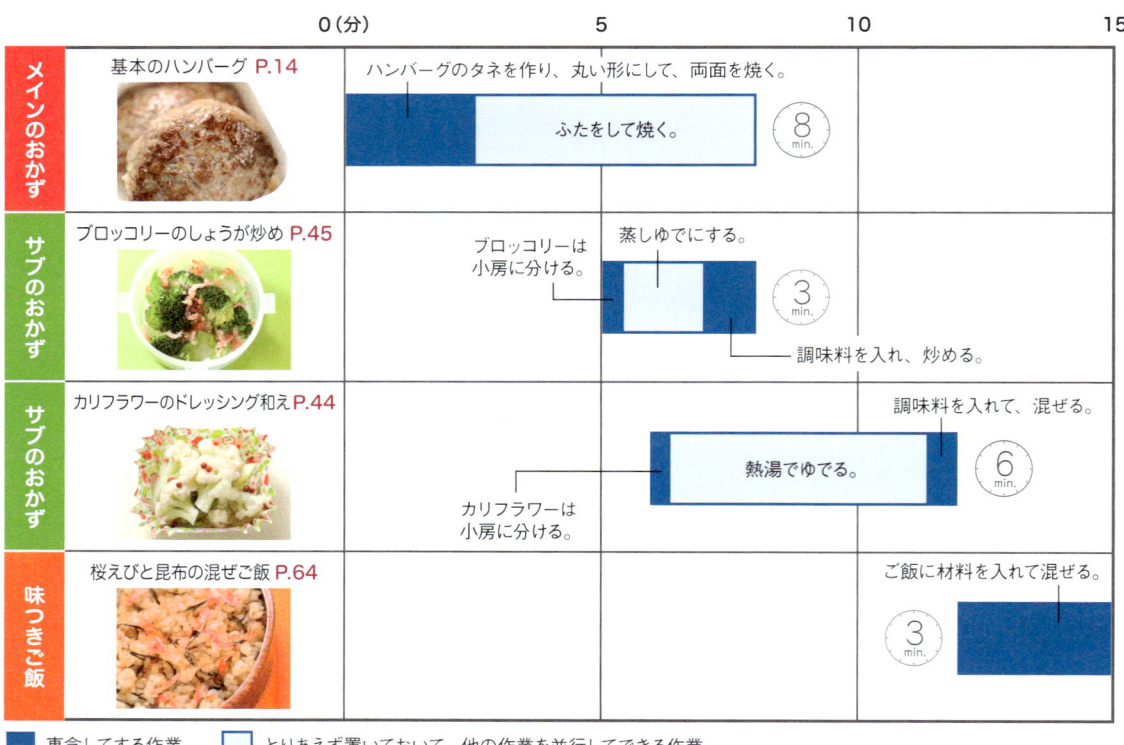

短時間で作るための4つのお約束

買い物・調理・後片づけまで、あらゆる工程で時間短縮の工夫をしました。

1. 材料の数を減らす

　材料が多いと買い物の手間がかかり、調理をする前にそろえるのも大変です。材料はできるだけ少なくして、時間短縮をしました。材料は減らしていますが、グルタミン酸やイノシン酸など、旨み成分のあるものを使っているので、おいしいおかずができます。

2. 調理方法を減らす

　この本の調理法は「焼く」「炒める」「蒸す」「揚げる」が基本です。「煮物」は時間がかかるので、「炒りつけ」を紹介しました。一度に多くの調理法をすると、手間がかかるので、2つ以内にすると時間短縮ができます。

　また、「味つきご飯」では、材料を混ぜるだけのレシピを数多く紹介しました。

3. 野菜の捨てる部分を減らす

　調理時間の中で、意外に多くを占めるのが、野菜の皮をむいたり切ったりする手間です。野菜はできるだけ皮つきのまま使うようにして、時間短縮をしています。

　また、皮を洗うときには、アルミホイルをふんわり丸めて使うと、簡単に汚れを落とせます。

4. 後片づけを減らす

　調理器具を減らして、後片づけの手間を省く工夫をしています。揚げ物の衣をつけるときは、バットを使わずに、まな板やラップの上で衣をつけるようにしましょう。また、オーブントースターを使うときはあらかじめ天板にアルミホイルを敷いておくと、後片づけから解放されます。

お弁当のおいしさをキープし、彩りよく詰めるコツ

いたみやトラブルを防ぎ、おいしさをキープ！　彩りよくきっちり詰めるコツを紹介しましょう。

●おいしさキープのコツ●

やや濃いめの味つけ
　この本のお弁当のおかずは、普通のおかずに比べて、保存性を高めるために、塩分を少し多めにしています。さらに、黒こしょうや七味唐辛子、コチュジャンなどの香辛料を使うことで、おいしさをキープしてくれます。

汁気のないおかず
　お弁当がいたみやすくなる原因は、おかずの汁気です。お弁当の中に湿気や水分があると、菌が繁殖しやすくなります。この本のおかずは、すべて汁気のないカラッとしたものばかりです。

味つきご飯が決め手！
　白いご飯をそのまま詰めるのではなく、塩分のある漬物や干物を使ったり、防腐効果のある調味料（酢、塩、しょうゆ、香辛料など）を混ぜることで、いたみにくいお弁当になります。

お弁当の詰め方には、いくつかのルールがあります

1. ご飯もおかずも十分に冷ます
　まず、ご飯の粗熱をとってから、お弁当箱に詰めて完全に冷まします。次に、十分に冷ましたおかずを詰めましょう。ご飯が熱いうちにおかずを詰めると、いたみやすくなるので要注意です。

2. 大きなおかずから詰める
　おかずスペースの半分くらいに主菜を詰め、残りのスペースに中くらいの大きさのサブ、次に小さめのサブという順に詰めていきます。これが、きっちりきれいに詰めるコツです。

3. 仕切りやケースも活用
　アルミホイルやシリコン製のミニケース、レタスなどの葉物を使うと、詰めやすくて彩りもよくなります。おかずによっては、味や匂い移りを防げますから、うまく活用するとよいでしょう。

4. ご飯の上におかずをのせても……
　おかずによっては、ご飯の上にのせて丼物風にしたり、ふりかけ風に副菜をトッピングしたりする方法もあります。思いつくままに、詰め方を工夫してみるのも、お弁当づくりの楽しみのひとつです。

人気メニューが5〜10分！
メインのおかず―肉

お弁当の人気上位を占めているのは、いつも肉のおかずです。

肉料理は調理時間がかかるイメージが強いですが、

このレシピなら、わずか5〜10分！

しょうが焼きなら5分、面倒なハンバーグも6〜12分、

とんかつでも6〜10分。

作り慣れているおかずでも、工夫とアイデアで簡単においしくできます。

人気おかずの基本レシピと、味のバリエーションレシピをご紹介します。

メインのおかず−肉

基本の 鶏のから揚げ

大人にも子どもにも、人気ナンバーワンのおかずです。
本来ならカラッとさせるために二度揚げをしますが、
忙しい朝は一度揚げで、最後に強火にして仕上げます。

材料（1人分）
鶏もも肉……150g
しょうが（すりおろし）……1/2片
A ┌ 酒……大さじ1/2
  │ 塩……小さじ1/4
  │ こしょう……少々
  │ しょうゆ……少々
  └ ごま油……少々
溶き卵……1/4個分
小麦粉……大さじ1
片栗粉……大さじ1
サラダ油……適量

作り方

1 鶏肉は余分な脂を除き、厚い部分に切り込みを入れる。

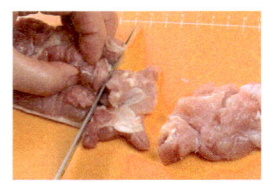

2 さらに、ひと口大に切る。

3 しょうがとAを加えてもむ。

4 溶き卵を2〜3回に分けて入れてさらにもみ、小麦粉と片栗粉を全体に混ぜ込む。

5 フライパンにサラダ油を1cm入れて、160℃位から4の鶏肉を入れる。両面を返しながら揚げ、最後に強火にしてカラッと仕上げる。

手羽のから揚げ

骨から旨みが出て、おいしさ倍増！
切り込みの入れ方さえ覚えれば簡単です。

⏱ 12 min.

材料(1人分)
- 鶏手羽肉……3本
- 塩……小さじ1/4
- こしょう……少々
- 黒こしょう……少々
- 溶き卵……1/4個分
- 小麦粉……大さじ2
- サラダ油……適量

作り方

1 鶏肉は、関節部分を切って2等分にする。さらに、手羽中（先端のとがった部分ではないほう）を半分に切る。

2 塩・こしょう、黒こしょうをもみ込む。溶き卵を2〜3回に分けて入れてさらにもみ、小麦粉を混ぜ込む。

3 フライパンにサラダ油を1cm入れて、160℃位から2の鶏肉を入れる。両面を返しながら、最後に強火にしてカラッと揚げる。

ハーブ風味のから揚げ

いつものから揚げが、バジルをもみ込むだけで、
イタリアン・テイストに変身します。

⏱ 10 min.

材料(1人分)
- 鶏もも肉……150g
- 玉ねぎ（すりおろし）……大さじ1
- 塩……小さじ1/4
- こしょう……少々
- バジル（乾燥）……小さじ1
- 牛乳……大さじ2
- 片栗粉……大さじ1
- サラダ油……適量

作り方

1 鶏肉は余分な脂を除き、厚い部分に切り込みを入れ、ひと口大に切る。

2 1の鶏肉に、玉ねぎ、塩・こしょう、バジルをもみ込む。

3 牛乳を入れてさらにもみ、片栗粉を全体にまぶす。フライパンにサラダ油を1cm入れて、160℃位から両面を返しながら、最後に強火にしてカラッと揚げる。

メインのおかず−肉

基本の 鶏の照り焼き

火が通りにくいもも肉も、熱湯をかけてゆでれば、
驚くほどスピーディーに仕上がります。
たれは最後にひと煮立ちさせて、鶏肉にからめましょう。

材料(1人分)
鶏もも肉……150g
A [砂糖……小さじ1
    みりん……大さじ½強
    酒……大さじ½強
    しょうゆ……大さじ½強]
しょうが汁……½片分

作り方

1 油をひかずに、フライパンを中火で熱し、鶏肉の皮目を下にして入れる。

2 菜箸で押さえてしっかり脂を出しながら、中火で焼く。焼き目がついたら裏返して、さらに焼く。

3 両面がこんがり焼けたら、熱湯(分量外)をひたひたに注ぎ、弱火で約5分ゆでる。

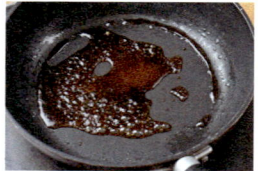

4 鶏肉を取り出してフライパンを洗い、Aを入れてひと煮立ちさせる。

5 鶏肉を戻して、サッと煮からめる。しょうが汁を加えて煮汁を煮詰め、鶏肉にからめる。

鶏のマスタード照り焼き

オーブントースターで焼くので、洗い物の手間が省けます。

材料(1人分)
- 鶏もも肉……150g
- A
  - しょうゆ……大さじ½強
  - 砂糖……小さじ1
- みりん……大さじ½強
- 酒……大さじ½強
- しょうが汁……½片分
- マスタード……小さじ1

作り方

1 鶏肉にAを加えて、もみ込む。

2 オーブントースターの天板にアルミホイルを敷き、皮目を上にして鶏肉をのせる。860～1000Wで約10分焼く。

3 途中、アルミホイルに落ちたAを塗りながらこんがり焼く。最後に、マスタードをかける。

鶏のみそ照り焼き

みそ、しょうが、白ごまの風味。ご飯がすすむ和風のおかずです。

材料(1人分)
- 砂糖……小さじ1
- みそ……大さじ½強
- 鶏もも肉……150g
- しょうが汁……½片分
- 白ごま……少々

作り方

1 砂糖とみそを練り合わせておく。

2 油をひかずに、フライパンを中火で熱して、鶏肉の皮目を下にして入れ、焼き目がついたらひっくり返してさらに焼く。熱湯(分量外)をひたひたに注ぎ、弱火で約5分ゆで、取り出す。

3 フライパンを洗って中火で熱し、鶏肉、1の練りみそ、しょうが汁を入れる。スプーンで鶏肉に煮汁をからめ、仕上げに白ごまをふる。

メインのおかず−肉

基本の ハンバーグ

ひき肉は調理する直前に冷蔵庫から出しましょう。
混ぜるときに、手の熱で脂肪分が溶け出さないようにするのが、
ジューシーに仕上げる秘訣です。

材料（1人分）
合びき肉……80g
塩・こしょう……各少々
溶き卵……1/4個分
玉ねぎ（みじん切り）……1/4個

作り方

1 ひき肉に塩・こしょうをし、粘りが出るまでこねる。

2 溶き卵を入れて混ぜる。玉ねぎを加えてさらに混ぜ、丸く形を作る。

3 油をひかずに、フライパンを中火で熱して焼き、焼き色がついたらひっくり返す。

4 ふたをして、弱めの中火で5〜6分、中まで火を通す。

5 指先で押してみて、弾力があれば焼き上がり。

野菜たっぷりハンバーグ

冷蔵庫の残り野菜をみじん切りにして加えましょう。水気のない野菜がおすすめです。

材料(1人分)
- 合びき肉……80g
- 塩……小さじ1/4
- こしょう……少々
- 溶き卵……1/4個分
- 玉ねぎ(みじん切り)……1/4個
- にんじん(みじん切り)……1/8本
- しめじ(みじん切り)……1/3パック

作り方

1 ひき肉に塩・こしょうをして、粘りが出るまでこね、溶き卵を入れて混ぜる。

2 玉ねぎ、にんじん、しめじを加えてさらに混ぜ、丸く形を作る。

3 油をひかずに、フライパンを中火で熱して焼く。焼き色がついたらひっくり返し、ふたをして5～6分、中まで火を通す。

とろけるチーズのハンバーグ

淡白な鶏肉のハンバーグには、とろ～りチーズとマヨの濃厚ソースで。

材料(1人分)
- 鶏ひき肉……80g
- 塩・こしょう……各少々
- トマトケチャップ……大さじ1/2
- 玉ねぎ(みじん切り)……1/4個
- とろけるチーズ……20g
- マヨネーズ……大さじ1
- 黒こしょう……少々

作り方

1 ひき肉に塩・こしょうをし、粘りが出るまでこねる。トマトケチャップ、玉ねぎを加えてさらにこね、丸く形を作る。

2 チーズとマヨネーズを合わせる。油をひかずに、フライパンを中火で熱して1を入れ、焼き色がついたらひっくり返す。

3 3～4分焼き、ある程度火が通ったら、チーズとマヨネーズをのせ、ふたをしてチーズが溶けるまで焼く。最後に黒こしょうをふる。

メインのおかず−肉

じゃがいものせ ハンバーグ

薄切りのポテトをのせて焼いた、
こんがりおいしい変わりハンバーグです。

12 min.

材料(1人分)
合びき肉……80g　玉ねぎ(みじん切り)……1/4個
塩……小さじ1/4　粒マスタード……小さじ1強
こしょう……少々　じゃがいも(皮ごと薄切り)……小1個
溶き卵……1/4個分　小麦粉……大さじ1/2

作り方

1 ひき肉に塩・こしょうをし、粘りが出るまでこねる。溶き卵、玉ねぎ、粒マスタードを加えて混ぜ、丸く形を作る。

2 じゃがいもに、小麦粉をまぶす。

3 1に2を数枚ずつ貼りつける。油をひかずに、フライパンを中火で熱して、じゃがいも側を上にして焼く。焼き色がついたらひっくり返し、ふたをして7〜8分、中まで火を通す。

切り干し大根 ハンバーグ

切り干し大根、にんじんの旨みに、
しめじのトッピングがおしゃれです。

9 min.

材料(1人分)
切り干し大根……5g　溶き卵……1/4個分
合びき肉……80g　玉ねぎ(みじん切り)……1/4個
塩……小さじ1/4　にんじん(みじん切り)……中1/10本
こしょう……少々　しめじ(1本ずつ分ける)……1/4袋

作り方

1 切り干し大根は水に浸して30回もみ、水気を絞って1cm程度に切る。

2 ひき肉に塩・こしょうをし、1の戻し汁を加えてこねる。溶き卵、玉ねぎ、にんじんを加えて混ぜ、丸く形を作ってしめじを貼りつける。

3 油をひかずにフライパンを中火で熱して、しめじ側を上にして焼く。焼き色がついたらひっくり返し、ふたをして5〜6分、中まで火を通す。

豆腐のヘルシー・ハンバーグ

豆腐を加えれば低カロリーに……。
ふわふわの食感で、やさしい味わいです。

6 min.

材料(1人分)
- 豆腐……50g
- 鶏ひき肉……50g
- 塩……小さじ¼
- こしょう……少々
- 長ねぎ(みじん切り)……大さじ2
- 白ごま……小さじ1

作り方

1 豆腐はキッチンペーパーなどに包んで、水気を絞っておく。

2 ひき肉に塩・こしょうをし、粘りが出るまでこねる。長ねぎ、白ごまを加えて混ぜ、丸く形を作る。

3 油をひかずに、フライパンを中火で熱して焼く。焼き色がついたらひっくり返し、ふたをして5～6分、中まで火を通す。

トリプル肉のハンバーグ

牛・豚・鶏の3種を混ぜて、
味のハーモニーをお楽しみください。

8 min.

材料(1人分)
- 合びき肉……50g
- 鶏ひき肉……30g
- 塩……小さじ¼
- こしょう……少々
- 溶き卵……¼個
- 玉ねぎ(みじん切り)……¼個

作り方

1 ひき肉に塩・こしょうをし、粘りが出るまでこねる。溶き卵、玉ねぎを加えて混ぜ、丸く形を作る。

2 油をひかずに、フライパンを中火で熱して焼く。

3 焼き色がついたらひっくり返し、ふたをして5～6分、中まで火を通す。

メインのおかず−肉

基本の 豚のしょうが焼き

たれに漬け込まずに、サッと下味をつけるだけの手軽さです。
最後にたれを煮詰めてからめれば、
焦げつかずに、さわやかな風味になります。

 5 min.

材料(1人分)
豚肉(しょうが焼き用)……2枚(75g)
塩・こしょう……各少々
しょうが(すりおろし)……1/2片
サラダ油……小さじ1強
A [みりん……小さじ1強
　　酒……小さじ1強
　　しょうゆ……小さじ1強]

作り方

1 豚肉に塩・こしょうをし、しょうがをもみ込む。

2 フライパンを中火で熱してサラダ油をひき、豚肉の両面をサッと焼いて、いったん取り出す。

3 2のフライパンにAを入れ、ひと煮立ちさせてから中火で少し煮詰める。

4 豚肉を戻して、3のたれをからめる。

5 何度も豚肉をひっくり返しながら、十分に味をからめる。

野菜たっぷりしょうが焼き

玉ねぎとトマトをたっぷり加えて、野菜の栄養もバランスよくいただけます。

7 min.

材料(1人分)
- 豚肉(しょうが焼き用)……2枚(75g)
- 塩・こしょう……各少々
- 砂糖……小さじ½
- しょうが(すりおろし)……½片
- サラダ油……大さじ½
- 玉ねぎ(1cm幅)……¼個
- トマト(1cm角)……¼個
- 七味唐辛子……少々

作り方

1 豚肉に塩・こしょうをし、砂糖、しょうがを加えてもみ込む。

2 フライパンを中火で熱し、半量のサラダ油で豚肉の両面をサッと焼いて、いったん取り出す。

3 残りのサラダ油を入れて、玉ねぎを炒める。半分程度火が通ったら、トマトを加えて炒め、豚肉を戻す。最後に七味唐辛子をふる。

コチュジャン風味のしょうが焼き

たれにコチュジャンを加えれば、ピリッと辛い、韓流しょうが焼きに!?

5 min.

材料(1人分)
- 豚肉(しょうが焼き用)……2枚(75g)
- しょうが(すりおろし)……½片
- ごま油……小さじ1
- コチュジャン……小さじ½
- しょうゆ……小さじ1
- 白ごま……少々

作り方

1 豚肉にしょうがをもみ込む。

2 フライパンを中火で熱してごま油をひき、両面をサッと焼く。コチュジャンとしょうゆを入れてからめ、仕上げに白ごまを散らす。

メインのおかず-肉

基本の ミートボール

そのままお弁当に入れてもよいのですが、
トマトソースをかけたり、甘酢あんをかけたり……。
いろいろなアレンジもできます。

材料（1人分）
合びき肉……80g
塩……小さじ1/3
こしょう……少々
溶き卵……1/4個分
玉ねぎ（みじん切り）……1/4個
パン粉……大さじ1
小麦粉……大さじ1
サラダ油……適量

作り方

1 ひき肉に塩・こしょうをし、粘りが出るまでこねる。

2 溶き卵を加えて混ぜる。

3 玉ねぎを加えて混ぜる。

4 パン粉、小麦粉を加えてさらに混ぜる。

5 丸く形を作る。

6 フライパンにサラダ油を1cm入れて170℃に熱する。手前に傾けて油を寄せ、転がしながら揚げる。

こんがり焼く
ミートボール

見かけは普通のミートボールですが、中にはチーズが仕込まれています。

 15 min.

材料(1人分)
- 合びき肉……80g
- 塩……小さじ1/3
- こしょう……少々
- 溶き卵……1/4個分
- 玉ねぎ(みじん切り)……1/4個
- パン粉……大さじ1
- 小麦粉……大さじ1
- トマトケチャップ……大さじ1/2
- とろけるチーズ……20g

作り方

1 ひき肉に塩・こしょうをし、粘りが出るまでこねる。溶き卵、玉ねぎ、パン粉、小麦粉、トマトケチャップを加えて混ぜる。

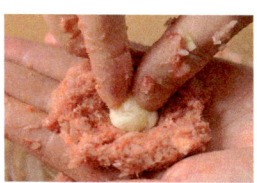

2 手の平に1を丸い形に広げ、丸く握ったチーズを中央に置いて、丸く形を作る。

3 油をひかずに、フライパンを中火で熱し、菜箸で少し押さえながら焼く。四方に焼き色がついたらふたをし、中火弱で中まで火を通す。指でさわって、かたければ完成。

ふっくら蒸す
ミートボール

油を使わず、蒸すだけ。
さっぱりとおいしい大人の味です。

 10 min.

材料(1人分)
- 豚ひき肉……80g
- 塩……小さじ1/3
- こしょう……少々
- 溶き卵……1/4個分
- 玉ねぎ(みじん切り)……1/4個
- しょうが(みじん切り)…1/2片
- パン粉・片栗粉……各大さじ1
- キャベツ(ちぎる)……2枚

作り方

1 ひき肉に塩・こしょうをし、粘りが出るまでこねる。溶き卵を加えて混ぜる。

2 玉ねぎ、しょうがを入れて混ぜる。パン粉、片栗粉を加えてさらに混ぜ、丸く形を作る。

3 フライパンを中火で熱し、キャベツを敷いて2を並べる。フライパンのふちから水大さじ1を入れ、ふたをして中火で5～10分蒸す。水小さじ1を足し、3～4分蒸して火を通す。

メインのおかず−肉

基本の とんかつ

衣をつけるときには、料理器具(バットなど)を出さずに、小さなまな板の上でつけると、後片づけもラクです。薄い衣で油は控えめに、ヘルシーに揚げ焼きしましょう。

材料(1人分)
- 豚ロース肉……1枚(100g)
- 塩・こしょう……各少々
- 小麦粉……少々
- 溶き卵……大さじ1
- パン粉……大さじ2
- サラダ油……大さじ2

作り方

1 豚肉は包丁の背で軽くたたき、赤身と脂身の間の筋の部分に数か所包丁を入れる。

2 1の豚肉の両面に塩・こしょうをして、小麦粉をふり、溶き卵にくぐらせる。

3 パン粉を上からかぶせるようにして、両面にまんべんなくつける。

4 フライパンにサラダ油を入れて170℃に熱し、豚肉を入れて中火で約2分揚げる。

5 裏返して2分揚げ、ペーパーに取って余分な油を切る。

チーズ風味
のイタリアンとんかつ

粉チーズをふるだけで、
ちょっとミラノ風になります。

6 min.

材料(1人分)
豚ロース肉……1枚(100g)　　溶き卵……大さじ1
塩・こしょう……各少々　　　パン粉……大さじ2
粉チーズ……大さじ1/2　　　サラダ油……大さじ2

作り方

1 豚肉は包丁の背で軽くたたき、筋の部分に数か所包丁を入れる。両面に塩・こしょうをし、粉チーズをふる。

2 溶き卵にくぐらせ、ざるでふるった細かいパン粉を、両面にまんべんなくかける。

3 フライパンにサラダ油を入れて170℃に熱する。豚肉を入れて片面約2分ずつ揚げ、キッチンペーパーに取って余分な油を切る。

オーブントースター
で簡単とんかつ

油で揚げないヘルシーとんかつ。
衣にハーブを加えて旨みをプラスします。

8 min.

材料(1人分)
豚ひれ肉……100g　　　　　　溶き卵……大さじ1
塩・こしょう……各少々　　　　パン粉……大さじ2
小麦粉……大さじ1　　　　　　バジル(乾燥)……小さじ1/2

作り方

1 豚肉は包丁の背で軽くたたき、両面に塩・こしょうをして、小麦粉をふり、溶き卵にくぐらせる。

2 パン粉にバジルを混ぜ込み、1の豚肉の両面にまんべんなくつける。

3 オーブントースターの天板に、アルミホイルを敷いて豚肉をのせ、860～1000Wで6～7分焼く。

メインのおかず−肉

卵とじとんかつ

かつ丼風のガッツリおかず！
午後からパワフルに活躍したい日に。

10 min.

材料(1人分)
とんかつ(p.22参照)……1枚
玉ねぎ（薄切り）……1/4個
A [みりん……大さじ1
   しょうゆ……大さじ1
   水……大さじ4]
溶き卵……1個分

作り方

1 p.22を参照して、とんかつを作り、ひと口大に切る。

2 フライパンを中火で熱して玉ねぎを敷き、Aを加えてとんかつをのせ、ひと煮立ちさせて温める。

3 溶き卵を中央から外へ向かってうずを巻くように流し入れてふたをし、好みの固さまで加熱する。

クルクルのりとんかつ

巻くだけで、薄切り肉もボリュームとんかつに。
見ためもかわいい。

8 min.

材料(1人分)
ロース薄切り肉……3枚(80g)
塩・こしょう……各少々
のり（2×3cm位）……3枚
小麦粉……大さじ1
溶き卵……大さじ1
パン粉……大さじ2
サラダ油……大さじ2
みそ……小さじ1
白ごま……少々

作り方

1 豚肉を広げて塩・こしょうをし、のりをのせる。

2 手前からクルクルと巻いていき、巻き終えたら、小麦粉、溶き卵、パン粉の順につける。

3 フライパンを中火で熱してサラダ油を入れ、全体を転がしながら揚げる。キッチンペーパーに取って余分な油を切り、みそと白ごまを練り合わせて添える。

ヘルシー＆スピーディー
メインのおかず―魚介

魚介のおかずは、お弁当の中では地味な存在になりがちですが、
低カロリーで栄養も豊富なので、どんどんチャレンジしてみてください。
下ごしらえの必要がない切り身や貝を使って、焼くだけの簡単レシピです。
調理時間は4分のものが多く、チャチャッと作れるので、
特に時間がない朝におすすめ。
ほたてやたらは、小麦粉をまぶしてから調理すると、
身がちぢまずに、おいしくふっくら仕上がります。

メインのおかず−魚介

基本の 鮭の塩焼き

塩鮭をそのまま焼くだけでもよいのですが、
生鮭にすれば、塩分を加減することができます。
オーブントースターにホイルを敷けば、後片づけもラク！

作り方

1 オーブントースターの天板にアルミホイルを敷き、鮭がくっつかないように表面にサラダ油を塗る。

2 鮭をのせて塩をふる。

3 オーブントースター（860〜1000W）で6〜7分焼く。

材料（1人分）
サラダ油……適量
生鮭……1切れ（80g）
塩……少々（鮭の1%）

鮭のみそ焼き

みそと白ごまで香ばしさアップ！
こんがり焼くと、風味も増します。

8 min.

材料（1人分）
- サラダ油……適量
- 生鮭……1切れ（80g）
- みそ……小さじ1強
- 白ごま……少々
- みりん……小さじ½

作り方

1 オーブントースターの天板にアルミホイルを敷いてサラダ油を塗り、鮭をのせて860〜1000Wで5分焼く。

2 みそに、白ごまをひねりながら入れて混ぜ、みりんを加えてのばす。指先でごまをひねると、香ばしくなる。

3 鮭の表面に2を塗り、焼き色がつくまで6〜7分焼く。

鮭のしいたけはさみ焼き

ひと手間かけて、ごちそう感を。
好みでレモンを添えて、さわやかさをプラス。

9 min.

材料（1人分）
- 生鮭……1切れ
- しいたけ（薄切り）……1枚
- サラダ油……適量
- A［みりん……小さじ½
-   しょうゆ……小さじ½］

作り方

1 鮭は2つに切り、中央に斜めの切り込みを入れて、しいたけを数枚ずつはさむ。

2 オーブントースターの天板にアルミホイルを敷いてサラダ油を塗り、1をのせてAを半量かけ、860〜1000Wで6〜7分焼く。

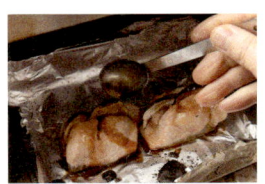

3 残りのAをかけ、たれが乾くまで焼く。

メインのおかず−魚介

基本の ほたてのバター焼き

ほたてをふっくらおいしくソテーするには、
焼く前に、まな板の上で小麦粉をまぶすことがポイントです。
焼きすぎると、かたくなってしまうので注意しましょう。

4 min.

材料(1人分)
ほたて(スチーム)……3個
塩……小さじ1/4
こしょう……少々
小麦粉……適量
バター……小さじ1
酒……大さじ1
レモン……適量

作り方

1 ほたては塩・こしょうをし、小麦粉を両面にまぶす。

2 フライパンを中火で熱し、バターを溶かしてほたてを入れる。

3 薄く焼き色がついたら、ひっくり返してさらに焼く。

4 両面が焼けたら、酒を加える。

5 レモンを絞って仕上げる。

ほたての バターしょうゆ焼き

ほんの少ししょうゆをたらすだけで、
和風のおかずになります。

材料(1人分)
- ほたて(スチーム)……3個
- 塩・こしょう……各少々
- 小麦粉……適量
- バター……小さじ1
- しょうゆ……小さじ1弱

作り方

1 ほたては塩・こしょうをし、小麦粉を両面にまぶす。

2 フライパンを中火で熱し、バターを溶かしてほたてを入れる。薄く焼き色がついたら、ひっくり返してさらに焼く。

3 しょうゆを回し入れ、加熱して香ばしく仕上げる。

ほたての マヨネーズ焼き

バターの代わりにマヨネーズで。
フライパンの上でからめるから、簡単で手間なし。

材料(1人分)
- ほたて(スチーム)……3個
- 塩・こしょう……各少々
- 小麦粉……適量
- マヨネーズ……大さじ½
- 黒こしょう……少々

作り方

1 ほたては塩・こしょうをし、小麦粉を両面に薄くまぶす。

2 フライパンを中火で熱し、マヨネーズをなじませる。

3 ほたてを入れて、マヨネーズをからめながら焼き、仕上げに黒こしょうをふる。

メインのおかず−魚介

基本の たらのムニエル

たらの身がくずれずに、おいしく焼くコツは、
まな板の上で、サッと小麦粉を薄くまぶすことです。
少し厚めでも、火の通りは早いので、焼きすぎに注意しましょう。

4 min.

材料(1人分)
生だら……1切れ
塩……小さじ¼
こしょう……少々
小麦粉……適量
サラダ油……小さじ1
レモン……適量

作り方

1 たらは塩・こしょうをし、小麦粉を両面に薄くまぶす。

2 フライパンを中火で熱してサラダ油をひき、たらを入れて両面をこんがり焼く。

3 仕上げにレモンを絞る。

たらの しょうが焼き

しょうゆとしょうがの風味が
たまらないおいしさです。

⏱ 4 min.

材料(1人分)
生だら……1切れ　　みりん……小さじ1
サラダ油……小さじ1　しょうゆ……小さじ½
砂糖……小さじ1　　しょうが(すりおろし)……1片

作り方

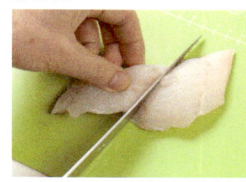

1 たらは半分に切る。フライパンを中火で熱してサラダ油をひき、たらを入れて両面をこんがり焼く。

2 砂糖、みりん、しょうゆの順に加えて、たらによくからめる。

3 しょうがを加え、たらにからめて仕上げる。

たらのピカタ

旨みを卵でやさしく閉じ込めて……。
卵液がなくなるまで、くり返し焼きましょう。

⏱ 10 min.

材料(1人分)
生だら……1切れ　　サラダ油……小さじ1
塩……小さじ¼　　　溶き卵……1個分
こしょう……少々

作り方

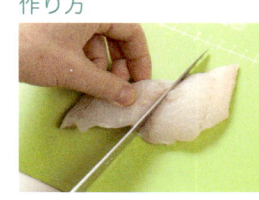

1 たらは半分に切り、塩・こしょうをする。

2 フライパンを中火で熱してサラダ油をひき、たらを入れて両面をこんがり焼く。

3 溶き卵をからめて、さらに焼く。卵がかたまったら、再び溶き卵にからめて焼く。卵液がなくなるまで、これを繰り返す。

メインのおかず−魚介

たらのハーブ・フライ

淡白なたらはフライにすると満足度アップ。
ハーブを使って風味豊かに仕上げましょう。

5 min.

材料（1人分）
生だら……1切れ
塩……小さじ 1/4
こしょう……少々
小麦粉……大さじ2
バジル（乾燥）……適量
パン粉……適量
サラダ油……大さじ2

作り方

ハーブは、パセリなどお好みのものを使ってください。

浜内先生のワンポイント！

1 たらは4等分に切って、塩・こしょうをする。

2 小麦粉に水大さじ2（分量外）を加え、箸の頭を使って手早く混ぜる。

3 バジルを加えて、サッと混ぜる。

4 1のたらを入れて、衣をからめる。

5 パン粉を両面に薄くつける。

6 フライパンを中火で熱してサラダ油をひき、たらを入れて両面を色よく揚げ焼きにする。

野菜嫌いさんでもおいしく
サブのおかず―野菜

調理時間3分の、お手軽野菜レシピも紹介しています。

味はちょっと濃いめのお弁当レシピなので、

野菜嫌いさんでもきっとおいしくいただけるはず。

ごぼう、にんじん、じゃがいもなどは、皮ごと使ってスピードアップ。

野菜料理は意外と切る手間がかかるので、

メインのおかずの調理中に、

空いた時間を見つけて切るとよいでしょう。

サブのおかず−野菜

基本の きんぴらごぼう

ごぼうはタワシで洗わなければダメ？　いいえ、
アルミホイルをふんわり丸めてこすれば、一瞬できれいに洗えます。
食物繊維たっぷり！　人気のおふくろの味です。

材料（2人分）
ごぼう……1/2本
にんじん……小1/3本
ごま油……少々
A ┌ 砂糖……小さじ1
　├ 酒……小さじ2
　└ しょうゆ……小さじ2
唐辛子……1/2本
白ごま……少々

作り方

1 アルミホイルをふんわり丸めて、ごぼうを洗う。かたく丸めると汚れが落ちにくいのでふんわりと。

2 ごぼうをささがきにし、サッと洗って水気を絞る。

3 にんじんはよく洗い、皮つきのままそぎ切りにする。

4 フライパンを中火で熱してごま油をひき、2と3を炒めて、Aを加える。

5 唐辛子を手でちぎり、種を出して加える。

6 汁気がなくなったら、最後に白ごまを散らす。

牛肉とごぼう
のきんぴら

牛肉と砂糖を混ぜておくと、
肉がやわらかくなります。

(8 min.)

材料(2人分)
ごぼう……1/2本
牛肉……50g
砂糖……小さじ1 1/2
ごま油……少々
みりん……大さじ1
しょうゆ……大さじ1
しょうが(千切り)……1/2片
白ごま……少々
七味唐辛子……少々

作り方

1 ごぼうはアルミホイルで洗って、2mmの厚さに斜めに切り、サッと洗って水気を切る。ボウルに牛肉と砂糖小さじ1/2を入れ、よく混ぜる。

2 フライパンを中火で熱してごま油をひき、1のごぼうを炒める。油がしっかり回ったら、牛肉を加える。

3 肉の色が変わってきたら、砂糖小さじ1、みりん、しょうゆを入れる。しょうがを加えて汁気がなくなったら、白ごまを散らし、七味唐辛子をふる。

じゃがいもとにんじんのきんぴら

相性のよい、じゃがいも&にんじんを、
きんぴら仕立てにしてみました。

(8 min.)

材料(2人分)
じゃがいも……小1個(120g)
にんじん……小1/3本
ごま油……少々
A ┌ 砂糖……小さじ1
  └ 酒……小さじ2
    しょうゆ……小さじ1
白ごま……少々
七味唐辛子……少々

作り方

1 じゃがいもはよく洗い、皮つきのままそぎ切りにして再びサッと洗う。にんじんはよく洗い、皮つきのままそぎ切りにする。

2 フライパンを中火で熱してごま油をひき、1の野菜を炒め、Aを加えて汁気がなくなるまで煮る。白ごまを散らし、七味唐辛子をふる。

サブのおかず−野菜

セロリとベーコンのきんぴら

変わり素材で、さわやかきんぴら。
食べてビックリの味わいです。

材料(2人分)
セロリ……1/2本
ベーコン……1枚
オリーブ油……小さじ1
唐辛子……1本
A[砂糖……小さじ1
  酒……小さじ1
  塩・こしょう……各少々]
七味唐辛子……少々

作り方

1 セロリは筋を取って斜め薄切りにし、葉は手でちぎる。ベーコンは薄切りにする。

2 フライパンを中火で熱してオリーブ油をひき、輪切りにした唐辛子を炒めて香りが立ったら、ベーコン、セロリを加えてさらに炒める。Aを加えて、最後に七味唐辛子をふる。

しめじのきんぴら

しいたけ、エリンギ……いろいろなきのこで。
低カロリーのうれしいサブおかずです。

材料(2人分)
しめじ……100g
ごま油……少々
A[砂糖……小さじ1
  みりん……小さじ2
  しょうゆ……小さじ1]
白ごま……少々
七味唐辛子……少々

作り方

1 しめじは石づきを三角に落とし、小房に分ける。三角に落とすのは、きれいに無駄なく石づきを取るため。

2 フライパンを中火で熱してごま油をひき、1のしめじを入れ、ふたをして蒸し炒めにする。火が通ったら、Aを加えて汁気がなくなるまで煮る。最後に白ごまを散らし、七味唐辛子をふる。

基本の しらたきの炒りつけ

時間のかかる"煮つけ"は避けて、"炒りつけ"で手早く作りましょう。

7 min.

材料(2人分)
明太子……20g
酒……大さじ2
しらたき(3cmのざく切り)……½袋
サラダ油……大さじ½

作り方

1 明太子は、ラップにのせて皮をはずす。ボウルに入れ、酒を加えてのばしておく。

2 フライパンを中火で熱して、しらたきをから炒りし、水分をとばす。

3 火を止めて、酒をふり入れる。再び火をつけて、1の明太子とサラダ油を加え、汁気がなくなるまで炒める。

明太子と山菜の炒りつけ

山菜と明太子の旨みが渾然一体になって、ご飯がすすむおかずです。

5 min.

材料(2人分)
明太子……20g
酒……大さじ1
山菜(水煮)……100g
ごま油……少々
塩……適量

作り方

1 明太子は、ラップにのせて皮をはずす。ボウルに入れ、酒を加えてのばしておく。

2 山菜は水気を切っておく。フライパンを中火で熱してごま油をひき、山菜を入れて汁気がなくなるまで炒める。

3 1の明太子を加えてさらに炒め、最後に塩で味を調える。

サブのおかず－野菜

基本の ポテトサラダ

じゃがいもは電子レンジを使って、
にんじんは生のまま塩もみするだけ……。
ササッと作れる、朝バージョンの簡単ポテトサラダです。

8 min.

材料(2人分)
- じゃがいも……1個
- 塩……小さじ1/4
- こしょう……少々
- 酢……少々
- 玉ねぎ(みじん切り)……大さじ1
- きゅうり……1/4本
- にんじん……中1/10本
- ハム(ざく切り)……1枚
- マヨネーズ……適量

作り方

1 じゃがいもはターンテーブルの端に置き、電子レンジ(600W)で4分加熱する。

2 熱いうちに皮をむいてボウルに入れ、フォークでつぶす。塩・こしょう、酢を入れ、玉ねぎを加えて、冷ましておく。

3 きゅうりとにんじんは薄切りにする。

4 3のきゅうりとにんじんを塩(分量外)でもみ、水気をよく絞って、2のボウルに加える。

5 ハムを加え、マヨネーズを入れて混ぜる。

ジャーマンポテト風サラダ

ボリュームたっぷり！
黒こしょうで、ピリッとアクセントを。

(5 min.)

材料(2人分)
- じゃがいも（メークイン）……1個
- オリーブ油……大さじ1
- ベーコン（細切り）……1枚
- 玉ねぎ（薄切り）……大さじ½
- マヨネーズ……適量
- 塩……小さじ¼
- 黒こしょう……少々

作り方

1 じゃがいもは、よく洗って皮つきのまま5mm厚さの輪切りにする。

2 フライパンを中火で熱してオリーブ油をひき、じゃがいも、ベーコン、玉ねぎを入れて炒め、ふたをしてじゃがいもに火が通るまで蒸し焼きにする。

3 冷ましてから、マヨネーズで和えて、塩で味を調え、最後に黒こしょうをふる。

ヨーグルト入りポテトサラダ

子どもに大人気！ ヨーグルト、チーズ入りのクリーミーなポテサラです。

(5 min.)

材料(2人分)
- じゃがいも……1個
- 塩・こしょう……各少々
- 玉ねぎ（みじん切り）……¼個
- ヨーグルト……大さじ2
- ハム（5mmの角切り）……1枚
- 粉チーズ……大さじ½

作り方

1 じゃがいもはターンテーブルの端に置き、電子レンジ（600W）で4分加熱する。熱いうちに皮をむいてボウルに入れ、つぶして塩・こしょう、玉ねぎを加える。

2 ヨーグルトを入れて混ぜる。ハム、粉チーズを加え、全体をよく混ぜ合わせる。

サブのおかず‐野菜

かぼちゃ

"若返りのビタミン"といわれるビタミンEが豊富です。
ほくほくしたかぼちゃは水分も少なく、
お弁当のおかずに適しています。

かぼちゃの煮物 シナモン風味

(8 min.)

シナモンの香りで洋風の煮物に!?

材料(2人分)
かぼちゃ……中1/10個
塩……小さじ1/4
シナモン……適量

作り方
1 かぼちゃはひと口大に切る。耐熱容器に入れて塩をふり、約5分おく。
2 ふんわりラップをし、電子レンジ(600W)で2分加熱する。
3 取り出して、熱いうちにシナモンをふる。

かぼちゃソーセージのコロッケ風

(10 min.)

手間いらずの簡単コロッケ!

材料(2人分)
かぼちゃ……中1/8個
塩・こしょう……各少々
ウインナーソーセージ……2本
小麦粉……大さじ1
溶き卵……大さじ1
パン粉……大さじ2
サラダ油……適量

作り方
1 かぼちゃはひと口大に切る。耐熱容器に入れて、ふんわりラップをし、電子レンジ(600W)で3分加熱する。
2 熱いうちにつぶして塩・こしょうをし、ウインナーソーセージを包むように丸める。小麦粉、溶き卵、パン粉の順につける。
3 フライパンを中火で熱してサラダ油をひき、2を入れて全体を転がしながら、こんがり炒め揚げをする。

※ フライパンを傾けると、少しの油で揚げられます。

にんじん

カロテンの多さは野菜の中でもトップクラス！
生のままでも、和えるだけでも一品に……。
栄養豊富な皮ごと使うのがおすすめです。

和えるだけの にんじんサラダ (8 min.)

ササッと作れるヘルシーサラダ

材料(2人分)
にんじん……中½本
塩……少々
生ハム……1枚
A ┌ 砂糖……小さじ⅓
　├ 黒こしょう……少々
　├ 粒マスタード……小さじ½
　└ オリーブ油……小さじ1

作り方
1 にんじんはよく洗って皮つきのまま千切りにする。ボウルに入れて塩をふり、少しおいてから、しっかりもんで水気を絞る。
2 生ハムはざく切りにする。
3 にんじんと生ハムに、Aを加えて、ざっくり混ぜる。

にんじんの すりおろし煮 (6 min.)

ご飯のトッピングにもぴったり

材料(2人分)
にんじん……中½本
A ┌ 砂糖……小さじ1
　├ 酒……小さじ½
　└ 塩……少々
かつお節……1g
炒りごま(白)……小さじ1

作り方
1 にんじんはよく洗って皮つきのまますりおろす。
2 小鍋に1のにんじんとAを入れて、中火で汁気がなくなるまで煮る。
3 かつお節と炒りごまを加えて混ぜる。

パプリカ

活性酸素から体を守るビタミンCとカロテンが豊富。
青臭くないので、生でもいただけます。
炒めると甘みが出て、さらにおいしく！

パプリカと玉ねぎのソテー

(4 min.)

ソテーするだけ！ お弁当に彩りをプラス

材料(2人分)
パプリカ……1個
玉ねぎ……1/2個
オリーブ油……小さじ1
塩・こしょう……各少々

作り方
1 パプリカと玉ねぎは薄切りにする。
2 フライパンを中火で熱してオリーブ油をひき、パプリカと玉ねぎをサッと炒める。
3 塩・こしょうで味を調える。

パプリカのしょうが風味

(4 min.)

ギュッと詰まった旨みを、しょうが風味で

材料(2人分)
パプリカ……1個
しょうが……1片
しょうゆ……小さじ1

作り方
1 パプリカはひと口大に切る。
2 油をひかずに、フライパンを中火で熱し、パプリカを入れて、こんがり焼く。
3 すりおろしたしょうが、しょうゆを加えて混ぜる。

ピーマン

レモン並みにビタミンCを含み、美肌効果は抜群！
青臭いのが苦手な方でも、
かつお節やカレーの味つけで食べやすくなります。

ピーマンの塩パリパリ焼き (3 min.)

食感もおいしい和風味

材料(2人分)
- ピーマン……4個
- ごま油……小さじ1
- 塩……少々
- かつお節……3g

作り方
1. ピーマンはタテに半分に切る。
2. フライパンを中火で熱してごま油をひき、ピーマンを入れて、へらなどで押さえるようにして焼きつける。
3. 塩をふって味を調え、かつお節を散らす。

ピーマンのカレーゆで (5 min.)

ほんのりとカレーの香りが食欲増進剤に

材料(2人分)
- ピーマン……4個
- 塩……少々
- カレー粉……小さじ1
- 粉チーズ……小さじ1

作り方
1. ピーマンはタテに半分に切る。
2. 小鍋に湯を沸かして塩を入れ、ピーマンを加えてサッとゆでる。
3. ざるにあけて水気を切り、カレー粉、粉チーズを加えて混ぜ込む。

サブのおかず−野菜

カリフラワー

加熱をしても損失の少ないビタミンCが豊富です。
あっさりした味なので、揚げるのもGood！
香辛料でアクセントをつけましょう。

カリフラワーの ドレッシング和え

6 min.

簡単ピクルス風の和えものに

材料（2人分）
カリフラワー……1/5株
A ┌ 砂糖……大さじ1/2
　├ 塩・こしょう……各少々
　├ 酢……大さじ1
　└ 水……大さじ1
ピンクペッパー……適宜

作り方
1 カリフラワーは小房に分け、熱湯でゆでる。
2 ボウルにカリフラワーを入れ、Aを加えて混ぜる。
3 好みで、ピンクペッパーを散らす。

カリフラワーの 素揚げ

6 min.

軽く揚げて、カリっとおいしく

材料（2人分）
カリフラワー……1/5株
サラダ油……適量
塩・こしょう……各少々
レモン……適宜

作り方
1 カリフラワーは小房に分ける。
2 フライパンにサラダ油を1cm入れて中火で熱し、カリフラワーを入れてこんがり揚げる。
3 キッチンペーパーに取って余分な油を切り、塩・こしょうをふる。好みで、くし形に切ったレモンを添える。

ブロッコリー

カロテン、ビタミンCを豊富に含んでいて、サッとゆでるだけで食べられます。
かつお節や桜えびを加えると、青臭みが消えるのでオススメ。

ブロッコリーの おかかみそ和え

⑤min.

かつお節とみその和風コラボで

材料(2人分)
ブロッコリー……小½株
塩……少々
みそ……小さじ½
かつお節……少々

作り方
1 ブロッコリーは小房に分ける。
2 熱湯に塩を加えてブロッコリーをサッとゆで、ざるにあけて水気を切る。
3 みそとかつお節を加えて、よくからめる。

ブロッコリーの しょうが炒め

③min.

ご飯との相性抜群のさっぱり副菜

材料(2人分)
ブロッコリー……小½株
水……大さじ2
塩……少々
砂糖……小さじ½
しょうが……少々
桜えび……小さじ1

作り方
1 ブロッコリーは小房に分ける。
2 フライパンに水、塩、ブロッコリーを入れ、ふたをして中火で蒸しゆでにする。
3 水気がなくなったら、砂糖、みじん切りしたしょうが、桜えびを加え、汁気がなくなるまで炒める。

サブのおかず‐野菜

さつまいも

ビタミン類や、豊富な食物繊維が、お腹をきれいにしてくれます。
粒マスタードやトマトケチャップを使うと、
お弁当のおかずらしい味わいに変身します。

さつまいものこんがり粒マスタード炒め (6 min.)

簡単ピクルス風の和えものに

材料(2人分)
- さつまいも……中½個
- サラダ油……小さじ1
- 塩・こしょう……各少々
- 粒マスタード……小さじ1
- はちみつ……小さじ1

作り方
1. さつまいもはよく洗って、キッチンペーパーで水気を拭き、皮つきのまま5mmの輪切りにする。
2. フライパンを中火で熱してサラダ油をひき、1のさつまいもを入れて、塩・こしょうをし、ふたをして蒸し焼きにする。
3. 火が通ったら、粒マスタード、はちみつを加えて、煮からめる。

さつまいものひき肉ケチャップ炒め (5 min.)

即席ミートソース風にひと味変えて

材料(2人分)
- さつまいも……中½個
- 合びき肉……20g
- 塩……少々
- 黒こしょう……少々
- トマトケチャップ……大さじ1

作り方
1. さつまいもはよく洗って、キッチンペーパーで水気を拭き、皮つきのまま1cm角に切る。
2. 油をひかずに、フライパンを中火で熱してひき肉を炒め、さつまいもを加える。水大さじ2(分量外)を加え、ふたをして火が通るまで蒸し煮にする。
3. 塩、黒こしょう、トマトケチャップを入れて、汁気がなくなるまで炒める。

じゃがいも

ビタミン類をたっぷり含む"大地のりんご"です。
細切りにして炒めれば、調理のスピードもアップ！
バターやお肉との相性がよい食材です。

じゃがいもの しょうゆバター煮

⏱ 10 min.

相性のよいバターでコクうまの1品

材料(2人分)
じゃがいも……2個
しょうゆ……大さじ1
バター……小さじ1
黒こしょう……少々

作り方
1 じゃがいもはよく洗って皮つきのままひと口大に切る。
2 フライパンに、じゃがいも、水カップ1(分量外)、しょうゆ、バターを入れ、ふたをして中火で蒸し煮にする。
3 ふたを取って、残った水気をとばす。最後に黒こしょうをふる。

じゃがいもと豚肉の 炒め物

⏱ 5 min.

食感が新鮮なボリュームおかず

材料(2人分)
じゃがいも……1個
玉ねぎ……30g
豚こま切れ肉……30g
塩・こしょう……各少々
砂糖……小さじ1
しょうゆ……小さじ2
白ごま……適量

作り方
1 じゃがいもはよく洗って皮つきのまま細切り、玉ねぎはざく切りにする。
2 油をひかずに、フライパンを中火で熱して豚肉を入れ、色が変わるまで炒める。じゃがいも、玉ねぎを加えてさらに炒め、塩・こしょうをする。
3 砂糖、しょうゆを加えて全体にからめ、仕上げに白ごまをふる。

サブのおかず−野菜

れんこん

ビタミンC、B群を多く含み、カリウムなどのミネラルも豊かな"栄養の宝庫"です。ザクッと切って炒めるだけでも食べられます。

れんこんの詰め焼き

10 min.

もっちりとおいしい肉詰めを

材料(2人分)
- れんこん……小1節(100g)
- 鶏ひき肉……30g
- 玉ねぎ……大さじ1分
- 塩・こしょう……各適量
- 片栗粉……大さじ½
- サラダ油……大さじ½

作り方
1. アルミホイルをふんわり丸めてれんこんを洗い、キッチンペーパーで水気を拭く。
2. ボウルに、ひき肉、みじん切りにした玉ねぎを入れ、塩・こしょうをして、しっかり混ぜる。
3. れんこんの穴に2の肉ダネを詰めて1cmの厚さに切り、両面に片栗粉をまぶす。フライパンを中火で熱してサラダ油をひき、れんこんを入れて両面をこんがり焼く。

乱切りれんこんの炒め煮

6 min.

ザクッと切ったれんこんのきんぴら風

材料(2人分)
- れんこん……小1節(100g)
- ごま油……小さじ1
- A
  - みりん……小さじ2
  - 酒……小さじ2
  - しょうゆ……小さじ2
  - 水……大さじ1
- 七味唐辛子……少々

作り方
1. アルミホイルをふんわり丸めてれんこんを洗い、キッチンペーパーで水気を拭き、皮つきのまま乱切りにする。
2. フライパンを中火で熱してごま油をひき、れんこんを炒める。火が通ったらAを加え、汁気がなくなるまで煮る。
3. 最後に七味唐辛子をふる。

ビタミンB群・C、ミネラル、食物繊維に、ネバネバのもと・ルチンが豊富です。
お弁当には意外な食材ですが、揚げたり、焼いたりしてどうぞ。

長いも

長いもの天ぷら

⑥ min.

シャキッと歯ごたえがやみつきに

材料（2人分）
長いも……5cm（100g）
塩……少々
小麦粉……大さじ1
紅しょうが……少々
サラダ油……適量

作り方
1 長いもは火であぶってひげ根を焼き切り、アルミホイルをふんわり丸めて洗う。皮つきのまま拍子木切りにし、塩をふる。
2 ボウルに、小麦粉、紅しょうが入れて軽く混ぜ、長いもにまぶす。
3 フライパンにサラダ油を1cm弱入れて中火で熱し、長いもをこんがり揚げる。

長いものこんがり焼き

⑤ min.

ごま油の風味がおいしさアップ

材料（2人分）
長いも……5cm（100g）
塩……少々
ごま油……小さじ2
粉かつお……少々

作り方
1 長いもは火であぶってひげ根を焼き切り、アルミホイルをふんわり丸めて洗う。皮つきのまま輪切りにし、塩をふる。
2 フライパンを中火で熱してごま油をひき、長いもの両面をこんがり焼く。
3 仕上げに、粉かつおをまぶす。

サブのおかず−野菜

きのこたち

低カロリーで、食物繊維たっぷりの女性の味方。
火の通りが早いので、サッと調理することができます。
ドレッシングやマヨネーズで洋風にアレンジしました。

きのこのフレンチドレッシング炒め

3 min.

あり合わせのきのこで作って！

材料(2人分)
白しめじ……1袋
フレンチドレッシング
　　……大さじ2

作り方
1 白しめじは石づきを三角に落とし、小房に分けて、ひと口大に切る。
2 油をひかずに、フライパンを中火で熱して、白しめじを入れ、フレンチドレッシングをまわしかける。
3 ふたをして、白しめじがしんなりするまで、蒸し煮にする。

エリンギのマヨ焼き

3 min.

独特の歯ごたえにマヨのコクが決め手

材料(2人分)
エリンギ……2本
マヨネーズ……大さじ1
塩・こしょう……各少々

作り方
1 エリンギはひと口大に切る。
2 油をひかずに、フライパンを中火で熱して、エリンギを炒める。
3 マヨネーズを加えてさらに炒め、塩・こしょうで味を調える。

味のバリエーションが決め手

サブのおかず―卵

お弁当に欠かせない、みんなが大好きなおかずといえば、卵焼き。
いつもの卵焼きにみそやトマトを加えたり、
お好み焼き風や、フライパンでできる蒸し卵などなど、
毎日食べたいから、飽きないように、
いろんな味のバリエーションを紹介しています。
本格的な基本の卵焼きをマスターしたら、
ぜひいろいろ試してみてください。

サブのおかず-卵

基本の ふんわり卵焼き

通常、小さい卵焼き器の場合は、卵を3個使いますが、
浜内流は卵を4個使った、ボリュームのあるサイズになります。
余った卵焼きは、そのまま冷凍保存できます。

7 min.

材料(2人分)
砂糖……大さじ2
塩……小さじ1/4
水……大さじ2
卵……4個
サラダ油……適量

> 卵焼きを、ふんわりしっとり焼くには、いくつかのコツがあります。右ページを見ながら、作ってみてくださいね。

浜内先生のワンポイント！

作り方

1 砂糖と塩に、水を加え、菜箸の頭でしっかり混ぜて溶かす。

2 卵を割り入れ、菜箸の頭を少し広げて持って、混ぜる。

3 キッチンペーパーに、サラダ油をしみ込ませる。

4 卵焼き器を強めの中火で熱し、3の油を全体に塗る。

5 2の卵液の4分の1の分量を流し入れる。

6 全体を少しかき混ぜながら、半熟状にする。

7 卵焼き器を手前に傾け、奥から手前へと卵を巻く。

8 卵焼き器を奥に傾け、ゴムベラで卵を奥へ寄せる。

9 空いたスペースに油をひく。

10 再び、卵液の4分の1の分量を流し入れ、卵焼き器を奥へ傾ける。

11 焼けた卵を箸で持ち上げて、下にも卵液を流し込む。

12 菜箸で軽く混ぜ、半熟状にまとめる。

13 卵焼き器を手前に傾け、ゴムベラで奥から手前へと卵を巻く。

14 再び奥へ卵を寄せ、空いたスペースに油をひく。

15 10〜13を2回繰り返して焼き、最後に巻いた卵を奥に寄せて、形を整える。

16 卵焼き器をひっくり返して、取り出す。

サブのおかず-卵

みそ風味の卵焼き

卵&みその、意外な出合い……。
風味・味わいが深まります。

7 min.

材料(2人分)
みそ……大さじ1　　卵……4個
砂糖……大さじ2　　サラダ油……適量
水……大さじ2

作り方

1 ボールにみそと砂糖を入れ、水を加えて混ぜ溶かす。

2 卵を割り入れ、菜箸の頭でよく混ぜる。p.53「基本の卵焼き」の3〜16と同様に焼く。

トマト入り卵焼き

ほんのりピンク色の卵焼きです。
トマトの酸味・甘味が生きています。

7 min.

材料(2人分)
トマト水煮缶……1/4缶　　卵……4個
砂糖……大さじ2　　　　　サラダ油……適量
塩……小さじ1/4

作り方

1 トマトはフォークでつぶし、砂糖、塩と合わせて混ぜる。

2 卵を割り入れ、菜箸の頭でよく混ぜる。p.53「基本の卵焼き」の3〜16と同様に焼く。

ブロッコリー入り巻かない卵焼き

はんぺんを加えて、ふんわり感アップ！
巻かない"伊達巻き"のような味わいです。

8 min.

材料(2人分)
はんぺん……1/2枚
砂糖……大さじ2
塩……少々
卵……3個
ブロッコリー(みじん切り)
　……100g
サラダ油……適量

浜内先生のワンポイント！
1のプロセスで泡立て器の中にはんぺんが入っても、あとでほぐれますよ。

作り方

1 はんぺんは手でちぎって、ボウルに入れる。砂糖、塩、水大さじ1(分量外)を加え、泡立て器の先でつぶして混ぜる。

2 卵を1個ずつ割り入れる。卵を加えるごとに、しっかり混ぜる。ブロッコリーも加えて、サッと混ぜる。

3 卵焼き器を強めの中火で熱し、キッチンペーパーにしみ込ませた油を塗って、卵液を一気に流し込む。アルミホイルでふたをし、弱めの中火で約5分蒸し焼きにする。

4 指で押してみて、卵液がつかなくなったら、アルミホイルをはずす。

5 バットを重ねてひっくり返し、パットの裏にのせて、一度取り出す。

6 そのままスライドさせて戻し、表面をサッと焼く。

サブのおかず−卵

すりおろし
じゃがいも入り卵焼き

じゃがいもで、ボリューム倍増！
スパニッシュオムレツのような味わいです。

8 min.

材料(1人分)
じゃがいも……1個　こしょう……少々
卵……2個　　　　粉チーズ……大さじ1
塩……小さじ1/3　オリーブ油……大さじ1

作り方

1 じゃがいもはよく洗って、皮つきのまますりおろす。ボウルに卵を割り入れ、じゃがいも、塩・こしょう、粉チーズを加えて混ぜる。

2 フライパンを中火で熱してオリーブ油をひき、1を一気に流し入れて、すぐに大きくかき混ぜる。

3 ふたをして、弱めの中火で約5分蒸し焼きにする。

オーブントースターで作るカップ卵

材料を混ぜて焼くだけの簡単レシピ。
お弁当にそのまま詰められます。

8 min.

材料(1人分)
合びき肉……20g
とろけるチーズ……10g
しょうゆ……小さじ1
卵……1個

作り方

1 ボールに、ひき肉、チーズ、しょうゆを入れて混ぜ、卵を割り入れてさらに混ぜ合わせる。

2 アルミカップに1を流し入れ、オーブントースター（860〜1000W）で5〜6分、様子を見ながら焼く。

お好み焼き風卵焼き

ご飯代わりに、お好み焼きを。
キャベツがいっぱい入っています。

8 min.

材料(2人分)
- 小麦粉……大さじ2
- 塩・こしょう……各少々
- 卵……2個
- キャベツ(5mm幅)……100g
- ハム(5mm幅)……1枚
- 白ごま……大さじ1
- サラダ油……大さじ1

作り方

1. ボウルに小麦粉、塩・こしょうを合わせ、卵1個を加えてほぐす。キャベツ、ハム、白ごまを加え、残りの卵も割り入れて混ぜる。

2. フライパンを中火で熱してサラダ油をひき、1を流し入れて、丸く形を整える。

3. 焼き色がついたら、裏返してさらに焼く。

簡単ポロポロ炒り卵

菜箸を何本も使わなくても、
ゴムベラ1本で炒り卵ができます。

5 min.

材料(2人分)
- 卵……2個
- 塩……少々
- 酢……大さじ1

作り方

1. ボウルに卵を割りほぐし、塩、酢を加えて混ぜる。

2. 油をひかずに、フライパンを中火で熱して1を流し入れ、ゴムベラで混ぜる。

3. 卵がポロポロになるまで炒る。

サブのおかず−卵

ノンオイルのヘルシー卵焼き

ぬれ布巾で急激に冷まして、はがしやすく！
黒こしょうで、味にパンチをきかせます。

⏱ 8 min.

材料（2人分）
砂糖……大さじ2
塩……小さじ¼
水……大さじ2
卵……4個
黒こしょう……小さじ¼

作り方

1 ボウルに砂糖、塩、水を合わせて溶かす。卵を割り入れて、黒こしょうを加え、菜箸の頭でしっかりと混ぜて卵液を作る。

2 卵焼き器を強めの中火で熱し、1の卵液の4分の1の分量を入れてかき混ぜながら半熟状にし、ぬれぶきんの上に置いて奥から巻く。

3 巻いた卵を奥に寄せ、再び火にかけて、残りの卵液を流し入れ、かき混ぜて半熟状にする。これを繰り返す（P.53参照）。

4 かたまってきたら、再びぬれぶきんにのせて、同じように巻くことを繰り返す。

ぬれぶきんにのせると、ノンオイルでも、卵がしっかり離れますよ。

浜内先生のワンポイント！

ツナと玉ねぎ
のミニオムレツ

具は混ぜるだけで簡単です。
お弁当にも詰めやすいミニサイズ。

6 min.

材料（1人分）
ツナ水煮缶……1/2缶分
玉ねぎ（みじん切り）……大さじ2
マヨネーズ……大さじ1/2
塩・こしょう……各少々
サラダ油……少々
卵……2個

作り方

1 ツナは水気を切ってボウルに入れ、玉ねぎ、マヨネーズ、塩・こしょうを加えて混ぜる。別のボウルに卵を割りほぐしておく。

2 フライパンを中火で熱してサラダ油を薄くひき、溶き卵の3分の1量を入れる。中央に1の具をのせる。

3 半分に折って閉じ、ひっくり返して焼く。これを全部で3枚作る。

とろとろ卵
のオムライス

ご飯の上にのせる卵は、
ふんわり好みの柔らかさに焼いて……。

10 min.

材料（1人分）
玉ねぎ（粗みじん切り）……大さじ2
ハム（粗みじん切り）……1枚
トマトケチャップ……大さじ2
ご飯……120g（茶碗に軽く1杯）
塩・こしょう……各少々
卵……2個
牛乳……大さじ2
黒こしょう……少々

作り方

1 玉ねぎ、ハム、トマトケチャップを炒める。ご飯と塩・こしょうを加えてさらに炒め、お弁当箱に詰める。

2 1のフライパンを洗う。ボウルに卵を割りほぐし、塩・こしょう、牛乳を加える。油をひかずに、フライパンを中火で熱して卵液を入れ、木ベラで半熟状になるまで混ぜる。

3 好みのかたさになったら、フライパンをぬれぶきんの上にのせて冷まし、1の上に2の卵をのせる。最後に黒こしょうをふる。

サブのおかず−卵

加熱5分でできる蒸し卵

"ゆで卵"ではなく"蒸し卵"！
フライパン1つでできるんです。

17 min.

材料(2人分)
卵……2個

作り方

1 キッチンペーパーを4つ折りにして、フライパンに敷く。卵をのせ、ペーパーの上から水大さじ2〜3(分量外)を入れる。

2 ふたをして中火で加熱し、沸騰したら、弱火にして5分加熱する。

3 火を止め、そのまま10分保温して水に取る。半熟にしたいときは、5分保温にする。タイマーをセットして、時間を正確に計ることがポイント。

漬けおき簡単しょうゆ卵

卵を漬け込んだあとは、味が均一になるように
袋の中でときどき転がしましょう。

30 min.

材料(2人分)
卵……2個
みりん……大さじ1
しょうゆ……大さじ1

作り方

1 「蒸し卵」の1〜3同様に作り、冷水に取って殻をむく。

2 ポリ袋などに、みりんとしょうゆを入れ、蒸し卵を4〜5時間漬け込む。

混ぜるだけで、カンタン豪華！

味つきご飯

お弁当には白いご飯が定番ですが、

浜内流は"味つきご飯"をおすすめしています。

温かいご飯に、肉・魚介・野菜などをサッと混ぜるだけ！

塩や酢、香辛料などの調味料や、漬物や干物などをプラスすることで、

お弁当の保存性が高まるのはもちろん、

彩りもよくなって、さまざまな栄養もプラスできます。

メインやサブのおかずとの相性を考えながら、選んでみてください。

味つきご飯

にんじんとチーズの ちらし寿司

4 min.

さっぱり酢飯にチーズのコクが新鮮！

材料（1人分）
プロセスチーズ（5mmの角切り）……大さじ1
にんじん（すりおろし）……大さじ1
きゅうり（5mmの角切り）……1/3本
白ごま……小さじ1
酢……大さじ2/3
温かいご飯……200g
　　（茶碗1杯強）

作り方
1 ボウルにご飯を入れ、酢を加えてサッと混ぜる。
2 そのほかの材料をすべて加えて、さっくり混ぜ合わせる。

ソーセージと ピクルスの混ぜご飯

3 min.

ピクルスの酸味がおいしい変わりご飯

材料（1人分）
ウインナーソーセージ
　（半月切り）……2本
ピクルス（薄切り）
　……1本
塩……小さじ1/3
こしょう……少々
オリーブ油……大さじ1/2
温かいご飯……200g
　　（茶碗1杯強）

作り方
ボウルにすべての材料を入れて、さっくり混ぜ合わせる。

豚肉のコチュジャン風味ご飯

⏱ 5 min.

ピリ辛にごま油の香りがきいた韓国風

材料(1人分)
豚ひき肉……30g
しょうが(みじん切り)
　……小さじ1
黒ごま……小さじ1
塩……小さじ1/3
コチュジャン……小さじ1
ごま油……小さじ1
温かいご飯……200g
　(茶碗1杯強)

作り方
1 ボウルに、ご飯以外のすべての材料を入れて、混ぜておく。
2 フライパンを中火で熱して1を炒め、火が通ったらご飯を加えて混ぜる。

ハムの粒マスタード風味ご飯

⏱ 3 min.

ピリッと辛みをきかせた洋風混ぜご飯

材料(1人分)
ハム(5mmの角切り)
　……2枚
粒マスタード……大さじ1
塩……小さじ1/3
こしょう……少々
温かいご飯……200g
　(茶碗1杯強)

作り方
ボウルにすべての材料を入れて、さっくり混ぜ合わせる。

味つきご飯

梅じゃこ小松菜の混ぜご飯

4 min.

じゃこと小松菜でカルシウムもプラス

材料(1人分)
ちりめんじゃこ……5g
小松菜(小口切り)
　……30g
梅干し(ほぐす)……1個
温かいご飯……200g
　(茶碗1杯強)

作り方
ボウルにすべての材料を入れて、さっくり混ぜ合わせる。

桜えびと昆布の混ぜご飯

3 min.

えび、昆布のダシでおいしさアップ！

材料(1人分)
桜えび……大さじ1
塩昆布……1g
　(ひとつまみ)
削り節……大さじ1
しょうゆ……小さじ2
温かいご飯……200g
　(茶碗1杯強)

作り方
ボウルにすべての材料を入れて、さっくり混ぜ合わせる。

鮭とわかめの混ぜご飯

旨みと一緒に栄養もパワーアップ！

(4 min.)

材料(1人分)
塩鮭……1/2切れ
わかめ(乾燥)……2g
しょうゆ……小さじ1
温かいご飯……200g
　　　　　(茶碗1杯強)

作り方
1 耐熱容器に鮭を入れ、ふんわりラップをして、電子レンジ(600W)で2分加熱する。
2 1の鮭の骨を取り除いて、身をほぐす。
3 ボウルにご飯を入れ、2の鮭、わかめ、しょうゆを加えて、さっくり混ぜ合わせる。

あじの干物とたくあんの混ぜご飯

香ばしい干物が美味のごちそうご飯

(8 min.)

材料(1人分)
あじ(干物)……1/2尾
たくあん(細切り)
　　……20g
わさび……少々
温かいご飯……200g
　　　　　(茶碗1杯強)

作り方
1 あじは焼いて、骨を取り除き、身をほぐす。
2 ボウルにご飯を入れ、1のあじ、たくあん、わさびを加えて、さっくり混ぜ合わせる。

味つきご飯

ねぎみそのしょうが風味ご飯

3 min.

たっぷり薬味に、みそ味が懐かしい

材料(1人分)
長ねぎ(みじん切り)
　……5cm
しょうが(みじん切り)
　……小さじ1
白ごま……小さじ1
みそ……小さじ2
温かいご飯……200g
　(茶碗1杯強)

作り方
ボウルにすべての材料を入れて、さっくり混ぜ合わせる。

きのこのしょうが風味ご飯

5 min.

きのこのダシに、しょうがのさわやかな風味

材料(1人分)
きのこ類(みじん切り)
　……30g
しょうが(みじん切り)
　……小さじ1
白ごま……小さじ1
ご飯……200g
　(茶碗1杯強)

作り方
ご飯が炊き上がったら、炊飯器にすべての材料を入れて、約10分蒸らす。

さあ、詰めてみよう！
すきまのおかずとテーマ別お弁当

お弁当箱に詰めていくと、

少しだけスペースが空いてしまうことがあります。

そんなときは"すきまのおかず"が大活躍！

つねに何品か常備しておきたいですね。

スピーディー、低カロリー、スタミナ、エコノミーと、

テーマ別に詰めたお弁当もご紹介していますので、

ぜひ参考にしてみてください。

すきまのおかずとテーマ別お弁当

すきまのおかず

ハム
4つに切って、そのまま入れても、クルッと巻いてようじで止めても。

ウインナーソーセージ
半分に切って、タテに切り込みを8本入れた「たこの八ちゃん」にすると、子どもに大ウケ。

かまぼこ
このピンク色が、お弁当の片隅にちょこんとあると、ときめきを感じますね。

ちくわ
手軽にとれるタンパク源。写真のもの（長さ10cm）なら、わずか36kcalです。

プチトマト
お弁当の可愛らしさ倍増！赤と黄色を使い分けると、よりカラフルになります。

りんご
うさぎりんごは、くし形に切って三角に切り込み、皮の中央まで皮をむきます。

レモン
くし形に切ったり、薄切りしたり。油を使った料理に添えるとGood！

オレンジ
甘酸っぱい香りが食欲増進になります。食後の爽快感も期待できます。

大葉
敷いたり、切ったり、刻んでのせたり……。すきまのおかずの万能選手です。

お弁当におかずを詰めてみたけれど、すきまができてしまうことがあります。
そんなとき、ほんの1品プラスするだけで、ボリューム・彩り・味わいがアップします。

レタス類
ちぎって使えば、すきまをうまく埋めてくれます。水気を切って使いましょう。

パセリ類
ビタミンCがたっぷり！ ちょっと添えるだけで、彩りと栄養をプラスしてくれます。

梅干し
クエン酸が食欲増進！ 強い抗菌作用もあり、お弁当の頼もしい味方です。

塩昆布
昆布の旨みのグルタミン酸が、ご飯をいっそうおいしくしてくれます。

たくあん
鮮やかな黄色が食欲をそそります。なつかしい漬物の代表格です。

福神漬け
赤い色合いが、お弁当のアクセントに。白いご飯に"花"を咲かせます。

つくだ煮
昆布やふき、貝類など、種類がいろいろ。好みのものを常備しておきましょう。

白いご飯の上にかけて……

白ごま
洗いごまではなく、炒りごまを選ぶと、香ばしいですよ。

黒ごま
ごはんに散らすだけで、香り、コク、栄養分もプラスしてくれます。

ゆかり
赤じそは、爽やかさ、香りのよさで、食欲増進にもつながります。

ふりかけ類
パッとふりかけるだけで、豊かな風味が一気に広がります。

すきまのおかずとテーマ別お弁当

15分で仕上がる！スピーディー弁当 ①

フライパン1つでできるおかずを集めました。たらのムニエル、長いものこんがり焼き、ピーマンの塩パリパリ焼きは、大きめのフライパンならすべて同時に作ることもできます。プチトマトの鮮やかな赤がアクセントになって、食欲をそそります。

〈サブのおかず〉
長いものこんがり焼き
P.49

〈メインのおかず〉
基本のたらのムニエル
P.30

〈すきまのおかず〉
プチトマト／レタス
P.68-69

〈サブのおかず〉
ピーマンの塩パリパリ焼き
P.43

〈味つきご飯〉
ソーセージとピクルスの混ぜご飯
P.62

15分で仕上がる！スピーディー弁当②

たまには、丼タイプのお弁当箱も新鮮ですね。フライパン1つで炒めものをして、電子レンジを使って煮物をすれば、スピーディーに調理ができます。お弁当箱も、上下段ともにきっぱり2分割ですから、手早くおいしそうに詰められます。

〈サブのおかず〉
じゃがいもとにんじん
のきんぴら *P.35*

〈サブのおかず〉
簡単ポロポロ炒り卵
P.57

〈サブのおかず〉
かぼちゃの煮物
シナモン風味
P.40

〈サブのおかず〉
エリンギのマヨ焼き
P.50

すきまのおかずとテーマ別お弁当

500kcal台におさめる低カロリーのお弁当①

タンパク質は肉をあまり使わず、豆腐と卵を中心にしてカロリーを大幅にカットしました。
サブのおかずはブロッコリーを使って、味つきご飯は梅・じゃこ・小松菜と、いずれも低カロリーです。
トータルで500kcalに抑え、栄養のバランスもGoodです。

560 kcal

〈味つきご飯〉
梅じゃこ小松菜の混ぜご飯
P.64

〈メインのおかず〉
豆腐のヘルシー・ハンバーグ
P.17

〈サブのおかず〉
基本のふんわり卵焼き
P.52

〈サブのおかず〉
ブロッコリーのおかかみそ和え
P.45

500kcal台におさめる低カロリーのお弁当②

タンパク質は鮭と卵を使ってカロリーを抑えました。サブの野菜はピーマンにして、お弁当の間仕切り代わりにしています。味つきご飯にはきのこで低カロリーに……。さらに、プチサイズのお弁当箱を選べば、自然とカロリー量が減らせます。

511 kcal

〈サブのおかず〉
オーブントースターで作る
カップ卵 P.56

〈メインのおかず〉
基本の鮭の塩焼き
P.26

〈すきまのおかず〉
福神漬け／
サニーレタス　P.69

〈サブのおかず〉
ピーマンのカレーゆで
P.43

〈味つきご飯〉
きのこのしょうが風味ご飯
P.66

すきまのおかずとテーマ別お弁当

体力をつけたいときのスタミナ弁当

ビタミンB₁たっぷりの豚肉と、タウリンを含んだほたて、
さらに、栄養満点の卵も詰めて、良質なタンパク質てんこ盛りです。
ダンナさんや彼に作ってあげると喜ばれそう。

〈サブのおかず〉
セロリとベーコンのきんぴら
P.36

〈メインのおかず〉
基本のほたてのバター焼き
P.28

〈サブのおかず〉
漬けおき簡単
しょうゆ卵
P.60

〈メインのおかず〉
野菜たっぷり
しょうが焼き
P.19

お財布ピンチの月末にエコノミー弁当

サブのおかずを中心に、にんじんやキャベツなど野菜がたっぷり入ったお弁当です。
タンパク質は、安価なちくわと卵だけ。お財布がピンチのときには、
冷蔵庫に余っている野菜たちを、アレンジしてみてもよいでしょう。

〈すきまのおかず〉
ちくわ／レタス
P.68-69

〈サブのおかず〉
お好み焼き風卵焼き
P.57

〈サブのおかず〉
にんじんのすりおろし煮
P.41

浜内 千波（はまうち ちなみ）

株式会社ファミリークッキングスクール代表取締役。
「家庭料理をちゃんと伝えたい」という思いで、料理教室を主宰。「料理は、もっともっと夢のある楽しいもの」をモットーに、テレビ番組や料理ビデオの出演、講演会、雑誌や書籍の執筆活動、料理講習会などへの参画を積極的に行い、その発想のユニークさやクリエイティブな仕事には定評がある。また、そうした理論実践の場を、食品メーカー・外食産業・流通業・宿泊ホテル業をはじめ、広告業界にも活動の場を広げている。さらに、便利で、楽しいキッチン用品、Chinamiブランドを立ち上げるなど、精力的な活動を展開している。
http://www.chinamisan.com/

料理アシスタント	田村つぼみ、高橋知奈未（ファミリークッキングスクール）
撮影	大泉省吾
カバーデザイン	ヤマシタツトム
本文デザイン	オカニワトモコデザイン
編集協力	オメガ社

浜内千波の 朝15分！満足お弁当レシピ

著者　浜内千波

発行　株式会社 二見書房
　　　東京都千代田区三崎町2-18-11
電話　03(3515)2311［営業］
　　　03(3515)2313［編集］
振替　00170-4-2639
印刷　株式会社堀内印刷所
製本　ナショナル製本協同組合

©Chinami Hamauchi 2012, Printed in Japan

落丁・乱丁本はお取り替えいたします。
定価・発行日はカバーに表示してあります。

ISBN978-4-576-12026-3
http://www.futami.co.jp